D1924269

Haffmans' Helfende Hand-Bibliothek

Das Beste von Gott

Wirkliche und wahrhaftige Bibelzitate

SELEKTIERT UND TITULIERT
VON
THOMAS G. SCHÜSSLER

HAFFMANS VERLAG

Alle Zitate folgen der revidierten Fassung der Lutherbibel von 1984. Abdruck mit freundlicher Genehmigung.

Meiner Mutter

Umschlagzeichnung und Frontispiz von Robert Gernhardt

Alle Rechte vorbehalten
Copyright © 1995 by
Haffmans Verlag AG Zürich
Gesamtherstellung:
Freiburger Graphische Betriebe
ISBN 3 251 00285 6

Wir haben uns also vorgenommen, denen, die gerne lesen, Anregung zu verschaffen, denen, die ihrem Gedächtnis etwas einprägen möchten, leichtere Übersicht zu geben, allen aber, die das Buch in die Hand nehmen, Gewinn zu bringen. 2. MAKKABÄER 2,26

A

Abiturienten
nicht jeder von euch soll ein Lehrer werden
JAKOBUS 3,1

Abrüstung
Da werden sie ihre Schwerter zu Pflugscharen und ihre Spieße zu Sicheln machen. JESAJA 2,4

Macht aus euren Pflugscharen Schwerter und aus euren Sicheln Spieße! JOEL 4,10

Abwasch
reinige zuerst das Innere des Bechers, damit auch das Äußere rein wird! MATTHÄUS 23,26

→ *Träume, feuchte*

Alkohol
→ *Trinken*

Alliteration
Wein und Weiber betören die Weisen SIRACH 19,2

Almosen
→ *Taylor, Cecil*

Altersweisheit
Die Betagten sind nicht die Weisesten, und die Alten verstehen nicht, was das Rechte ist.

HIOB 32,9

Altes Testament
was in hebräischer Sprache geschrieben ist, verliert viel, wenn man's in einer andern Sprache wiedergibt. Sogar das Gesetz selber und die Propheten und die übrigen Bücher lauten oft recht anders, wenn sie in ihrer eignen Sprache gelesen werden.

SIRACH VORREDE, 6-7

bis auf den heutigen Tag bleibt diese Decke unaufgedeckt über dem Alten Testament, wenn sie es lesen

2. KORINTHER 3,14

→ *Lesen*
Übersetzung

Ambivalenz
dies sollte man tun und jenes nicht lassen.

MATTHÄUS 23,23

Ameise
→ *Faulheit*

Amerika

→ *Chicago*
San Francisco
New York

Anfang

→ *Ende*

Anstrengung

→ *Mühe*

Antwort, richtige

→ *Fernsehquiz*

Arbe

→ *Heuschrecken*

Arbeit

Man drücke die Leute mit Arbeit, daß sie zu schaffen haben und sich nicht um falsche Reden kümmern. 2. MOSE 5,9

besser arbeiten und dabei reich werden als aufschneiden und ein Bettler bleiben. SIRACH 10,30

→ *Gewinn*
Kapitalismus
Sozialpolitik, christliche
Zweck

Arbeiter

Ein Arbeiter, der sich gern vollsäuft, der wird nicht reich SIRACH 19,1

→ *Gastarbeiter*

Arbeitsbedingungen

Du sollst dem Ochsen, der da drischt, nicht das Maul verbinden. 5. MOSE 25,4

Arbeitslohn

ein Arbeiter ist seines Lohnes wert. LUKAS 10,7

Arbeitslosigkeit

Die früher leckere Speisen aßen, verschmachten jetzt auf den Gassen KLAGELIEDER 4,5

Armut

→ *Bausparvertrag*
Gesundheit
Gourmet
Reichtum
Schlaf

Arzt

Wer vor seinem Schöpfer sündigt, der soll dem Arzt in die Hände fallen! SIRACH 38,15

Die Starken bedürfen des Arztes nicht, sondern die Kranken. MATTHÄUS 9,12

Alles nun, was sie euch sagen, das tut und haltet; aber nach ihren Werken sollt ihr nicht handeln; denn sie sagen's zwar, tun's aber nicht.
MATTHÄUS 23,3

Atheismus
→ *Glaube*
Gott

Auferstehung
→ *Leben, Die ganze Wahrheit über das*

Aufklärung
Hört zu, ihr tolles Volk, das keinen Verstand hat, die da Augen haben und sehen nicht, Ohren haben und hören nicht! JEREMIA 5,21

→ *Ohren*

Aufschneider
→ *Arbeit*

Augen
→ *Aufklärung*
Frau, Gleichberechtigung der
Gerechtigkeit, ausgleichende

Pragmatismus
Säufer
Scheidung
Schlaf
Ungeduld
Weinstube
Wunder

Ausbildung

wer viel lernt, der muß viel leiden. PREDIGER 1,18

Ausland

Eine gute Botschaft aus fernen Landen ist wie kühles Wasser für eine durstige Kehle.

SPRÜCHE 25,25

Ausländer

Von dem Ausländer darfst du Zinsen nehmen

5. MOSE 23,21

→ *Überfremdung*

Ausrede

Ich habe eine Frau genommen; darum kann ich nicht kommen. LUKAS 14,20

→ *Kriegsdienst*
Weinschorle

Außenseiter

Denn meine Gedanken sind nicht eure Gedanken, und eure Wege sind nicht meine Wege JESAJA 55,8

Autobahn

Die Wagen rollen auf den Gassen und rasseln auf den Straßen; sie glänzen wie Fackeln und fahren einher wie die Blitze. NAHUM 2,5

B

Bäcker

Unser tägliches Brot gib uns heute. MATTHÄUS 6,11

→ *Geburtstag*

Bank

→ *Zinsen*

Barmixer

Weh denen, die Helden sind, Wein zu saufen, und wackere Männer, Rauschtrank zu mischen

JESAJA 5,22

Bart

→ *Haare*

Baum

jeder Baum, der nicht gute Frucht bringt, wird abgehauen und ins Feuer geworfen.

MATTHÄUS 3,10 UND LUKAS 3,9

Ein guter Baum kann nicht schlechte Früchte bringen, und ein fauler Baum kann nicht gute Früchte bringen. MATTHÄUS 7,18

an ihren Früchten sollt ihr sie erkennen.
MATTHÄUS 7,20

→ *Umweltschutz*

Bausparvertrag
Besser ein armes Leben in der eignen Hütte als ein köstlich gedeckter Tisch in fremden Häusern.
SIRACH 29,29

Beamter
Ich kann nichts von mir aus tun. JOHANNES 5,30

Beckenbauer, Franz
gebt dem Kaiser, was des Kaisers ist
MATTHÄUS 22,21 UND MARKUS 12,17

→ *Nationalmannschaft*

Begierde
→ *Heirat*

Begräbnis
laß die Toten ihre Toten begraben! MATTHÄUS 8,22

Bescheidenheit
ich bin auch nur ein Mensch.
APOSTELGESCHICHTE 10,26

Bestattungsunternehmer
Sterben ist mein Gewinn. PHILIPPER 1,21

Bestechung
Du sollst dich nicht durch Geschenke bestechen lassen. 2. MOSE 23,8

Bestechung ist wie ein Zauberstein dem, der sie gibt; wohin er sich kehrt, hat er Glück.
SPRÜCHE 17,8

Beten
Und wenn ihr betet, sollt ihr nicht viel plappern
MATTHÄUS 6,7

Bettler
verleg dich nicht aufs Betteln; es ist besser, zu sterben als zu betteln. SIRACH 40,29

Beugehaft
Du wirst nicht von dort herauskommen, bis du auch den letzten Pfennig bezahlt hast.
MATTHÄUS 5,26

Bibel

Ich bezeuge allen, die da hören die Worte der Weissagung in diesem Buch: Wenn jemand etwas hinzufügt, so wird Gott ihm die Plagen zufügen, die in diesem Buch geschrieben stehen.

OFFENBARUNG 22,18

→ *Altes Testament*
Übersetzung

Blähungen

Die Erkenntnis bläht auf; aber die Liebe baut auf.

1. KORINTHER 8,1

Blindheit

Wenn aber ein Blinder den andern führt, so fallen sie beide in die Grube. MATTHÄUS 15,14

Blut

→ *Selbstmord*
Vampire

Böse

Wer Böses tut, der tue weiterhin Böses

OFFENBARUNG 22,11

→ *Demokratie*
Dichten und Trachten
Gut und Böse

Karenzzeit
Liebe

Bosheit
Es ist keine Bosheit so schlimm wie Frauenbosheit. SIRACH 25,18

Braut
→ *Dreiecksverhältnis*
Hochzeit

Bräutigam
→ *Hochzeit*

Breuker, Willem
Lobet ihn mit Posaunen, lobet ihn mit Psalter und Harfen! PSALM 150,3

Brot
Im Schweiße deines Angesichts sollst du dein Brot essen. 1. MOSE 3,19

der Mensch nicht lebt vom Brot allein 5. MOSE 8,3

→ *Bäcker*
Diebstahl
Existenzminimum
Hure
Sauerteig
Schlaf

Bruder
→ *Joyce, Stanislaus*

Buch
→ *Altes Testament*
Bibel
Lesen
Verlag
Zweck

Buchstabe
der Buchstabe tötet 2. KORINTHER 3,6

→ *Schmidt, Arno*

Bulimie
Wenn du genötigt worden bist, viel zu essen, so steh auf, erbrich dich und geh weg, dann wirst du Ruhe haben. SIRACH 31,25

Bürgschaft
Wer für einen andern bürgt, der wird Schaden haben SPRÜCHE 11,15

Burschenschaften
wilde Gelage nach absonderlichen Satzungen
WEISHEIT 14,23

C

Chauvinismus

Eine Frau wird jeden zum Manne nehmen

SIRACH 36,23

die Frau aber ist des Mannes Abglanz.

1. KORINTHER 11,7

der Mann ist nicht geschaffen um der Frau willen, sondern die Frau um des Mannes willen.

1. KORINTHER 11,9

→ *Frau*

Chicago

was für Steine und was für Bauten! MARKUS 13,1

Christentum

Was aber veraltet und überlebt ist, das ist seinem Ende nahe. HEBRÄER 8,13

D

Danksagung

→ *Stotz, Annette*

Deklination

→ *Parteienbildung*

Demokratie

Du sollst der Menge nicht auf dem Weg zum Bösen folgen 2. MOSE 23,2

Denken

→ *Außenseiter*

Denkfehler

schon viele hat ihr Denken irregeleitet, und gefährliche Vorstellungen haben sie gestürzt.
SIRACH 3,26

Determinismus

Auch über Liebe und Haß bestimmt der Mensch nicht; alles ist vor ihm festgelegt. PREDIGER 9,1

Dialekt

→ *Sprache*

Dialektik

Erhebt sich nun der Satan gegen sich selbst und ist mit sich uneins, so kann er nicht bestehen, sondern es ist aus mit ihm. MARKUS 3,26

Diät

Er muß wachsen, ich aber muß abnehmen.

JOHANNES 3,30

→ *Bulimie*
Fasten
Hunger

Dichten und Trachten

das Dichten und Trachten des menschlichen Herzens ist böse von Jugend auf. 1. MOSE 8,21

Dichter

→ *Schriftsteller*

Diebstahl

Das gestohlene Brot schmeckt dem Manne gut; aber am Ende hat er den Mund voller Kieselsteine.

SPRÜCHE 20,17

→ *Eau de vie*
Einbruch
Menschenraub

Doppelbett

wenn zwei beieinander liegen, wärmen sie sich; wie kann ein einzelner warm werden? PREDIGER 4,11

Dreiecksverhältnis

Und der Geist und die Braut sprechen: Komm!
OFFENBARUNG 22,17

Dummheit

Selig sind, die da geistlich arm sind MATTHÄUS 5,3

E

Eau de vie

wer da will, der nehme das Wasser des Lebens umsonst. OFFENBARUNG 22,17

Egoismus

Und wenn ihr eßt und trinkt, eßt und trinkt ihr da nicht für euch selbst? SACHARJA 7,6

Egozentriker

Wer Vater oder Mutter mehr liebt als mich, der ist meiner nicht wert; und wer Sohn oder Tochter mehr liebt als mich, der ist meiner nicht wert.
MATTHÄUS 10,37

Ehe

einige sind von Geburt an zur Ehe unfähig; andere sind von Menschen zur Ehe unfähig gemacht; und wieder andere haben sich selbst zur Ehe unfähig gemacht MATTHÄUS 19,12

→ *Heirat*
Kriegsdienst
Pflichten, eheliche
Scheidung

Ehe, glückliche
Genieße das Leben mit deinem Weibe, das du liebhast, solange du das eitle Leben hast

PREDIGER 9,9

Ehebruch
Wenn jemand die Ehe bricht mit der Frau seines Nächsten, so sollen beide des Todes sterben

3. MOSE 20,10

→ *Fellatio*

Ehefrau
Wer eine Ehefrau gefunden hat, der hat etwas Gutes gefunden SPRÜCHE 18,22

→ *Hure*

Ehre
wer mich ehrt, den will ich auch ehren; wer aber mich verachtet, der soll wieder verachtet werden.

1. SAMUEL 2,30

→ *Haare, graue*
Haare, lange
Herr und Knecht
Honig

Eid

→ *Etiquette*

Eifersucht

Eifersucht erweckt den Grimm des Mannes, und er schont nicht am Tage der Vergeltung

SPRÜCHE 6,34

Einbruch

Wenn ein Dieb ergriffen wird beim Einbruch und wird dabei geschlagen, daß er stirbt, so liegt keine Blutschuld vor. War aber schon die Sonne aufgegangen, so liegt Blutschuld vor. 2. MOSE 22,1–2

wie kann jemand in das Haus eines Starken eindringen und ihm seinen Hausrat rauben, wenn er nicht zuvor den Starken fesselt? Erst dann kann er sein Haus berauben. MATTHÄUS 12,29

Wenn ein Hausherr wüßte, zu welcher Stunde der Dieb kommt, so ließe er nicht in sein Haus einbrechen. LUKAS 12,39

Einigkeit

→ *Koalition*

Einsamkeit
Es ist nicht gut, daß der Mensch allein sei
1. MOSE 2,18

Mein Gott, mein Gott, warum hast du mich verlassen? PSALM 22,2 UND MATTHÄUS 27,46 UND MARKUS 15,34

Weh dem, der allein ist, wenn er fällt! Dann ist kein anderer da, der ihm aufhilft. PREDIGER 4,10

→ *Doppelbett*

Einzelkind
Alles, was der Vater hat, das ist mein.
JOHANNES 16,15

Eisen
→ *Existenzminimum*

Elend
→ *Schnaps*

Eltern
Wer Vater oder Mutter schlägt, der soll des Todes sterben. 2. MOSE 21,15

Wer Vater oder Mutter flucht, der soll des Todes sterben. 2. MOSE 21,17

Du sollst mit deinem Vater und deiner leiblichen Mutter nicht Umgang haben. 3. MOSE 18,7

Ende

Der Ausgang einer Sache ist besser als ihr Anfang.
PREDIGER 7,8

Es ist vollbracht! JOHANNES 19,30

→ *Christentum*
Erfolg

England

→ *Küche, englische*

Enkel

Du sollst mit der Tochter deines Sohnes oder deiner Tochter nicht Umgang haben 3. MOSE 18,10

Du sollst nicht mit einer Frau und mit ihrer Tochter Umgang haben, noch mit ihres Sohnes Tochter oder ihrer Tochter Tochter 3. MOSE 18,17

Enthaltsamkeit

→ *Heirat*
Pflichten, eheliche

Erbarmen

→ *Tautologien*

Erdbeben

→ *San Francisco*

Erde

Unstet und flüchtig sollst du sein auf Erden.

1. MOSE 4,12

Alles, was auf Erden ist, soll untergehen.

1. MOSE 6,17

Solange die Erde steht, soll nicht aufhören Saat und Ernte, Frost und Hitze, Sommer und Winter, Tag und Nacht. 1. MOSE 8,22

→ *Tod*
Umweltschutz
Vermehrung

Erfolg

Und wenn es gut gelungen und geschickt geordnet ist, so war das meine Absicht. Ist's aber zu einfach geraten, so habe ich doch getan, soviel ich vermochte. 2. MAKKABÄER 15,39

→ *Zweck*

Erkenntnis

meide das ungeistliche lose Geschwätz und das Gezänk der fälschlich so genannten Erkenntnis

1. TIMOTHEUS 6,20

→ *Blähungen*
Relativitätstheorie

Ernte
→ *Meteorologie*
Pechsträhne
Saat

Erzählung
→ *Vorrede*

Erziehung
→ *Prügelstrafe*

Essen
Wer ißt, der verachte den nicht, der nicht ißt; und wer nicht ißt, der richte den nicht, der ißt

RÖMER 14,3

→ *Bausparvertrag*
Bulimie
Egoismus
Fasten
Foie gras
Frankreich
Hunger
Kannibalismus
Mund
Nahrung
Nouvelle cuisine
Pechsträhne
Sinn des Lebens

Sorglosigkeit
Sozialpolitik, christliche
Vegetarier

Etiquette

Schäme dich, Eid und Vertrag zu ändern und dich beim Essen mit deinem Arm aufzustützen.

SIRACH 41,23

mit ungewaschenen Händen essen, macht den Menschen nicht unrein. MATTHÄUS 15,20

Evolution

Denn was auf dem Lande zu leben pflegt, das ging ins Wasser, und was im Wasser zu sein pflegt, stieg aufs Land. WEISHEIT 19,18

Ewigkeit

was sichtbar ist, das ist zeitlich; was aber unsichtbar ist, das ist ewig. 2. KORINTHER 4,18

Existenzminimum

Das Erste zum Leben sind Wasser und Brot, Kleider und Haus - das braucht man am nötigsten.

SIRACH 29,28

Der Mensch bedarf zu seinem Leben vor allem Wasser, Feuer, Eisen, Salz, Mehl, Milch, Honig, Wein, Öl und Kleider. SIRACH 39,31

Falle
→ *Grube*

Fasten
Wenn ihr fastet, sollt ihr nicht sauer dreinsehen wie die Heuchler MATTHÄUS 6,16

→ *Essen*
Hunger

Faulheit
Geh hin zur Ameise, du Fauler, sieh an ihr Tun und lerne von ihr! Wenn sie auch keinen Fürsten noch Hauptmann noch Herrn hat, so bereitet sie doch ihr Brot im Sommer und sammelt ihre Speise in der Ernte. SPRÜCHE 6,6–8

Der Faule steckt seine Hand in die Schüssel und bringt sie nicht wieder zum Munde. SPRÜCHE 19,24

Feind
Halte dich fern von deinen Feinden, aber sei auch vor den Freunden auf der Hut. SIRACH 6,13

Fellatio
So ist der Weg der Ehebrecherin: sie verschlingt und wischt sich den Mund und spricht: Ich habe nichts Böses getan. SPRÜCHE 30,20

→ *Weib, unzüchtiges*

Fernsehquiz
Eine richtige Antwort ist wie ein lieblicher Kuß.
SPRÜCHE 24,26

Feuer
→ *Existenzminimum*

Finanzminister
Sie binden schwere und unerträgliche Bürden und legen sie den Menschen auf die Schultern; aber sie selbst wollen keinen Finger dafür krümmen.
MATTHÄUS 23,4

Finsternis
Wer in der Finsternis wandelt, der weiß nicht, wo er hingeht. JOHANNES 12,35

→ *Wunder*

FKK

Wenn du einen nackt siehst, so kleide ihn

JESAJA 58,7

Fleisch

Doch darfst du in allen deinen Städten ganz nach Herzenslust schlachten und Fleisch essen

5. MOSE 12,15

Alles, was auf dem Fleischmarkt verkauft wird, das eßt, und forscht nicht nach, damit ihr das Gewissen nicht beschwert. 1. KORINTHER 10,25

→ *Kannibalismus*
Vegetarier

Fleischbrühe

Setze einen Topf auf, setz ihn auf und gieß Wasser hinein! Tu Fleisch hinein, lauter gute Stücke, Lenden und Schultern, und fülle ihn mit den besten Knochen. Nimm das Beste von der Herde und schichte Holzscheite darunter und laß die Stücke tüchtig sieden und auch die Knochen darin gut kochen. HESEKIEL 24,3–5

Fleiß

→ *Faulheit*

Fluch
→ *Segen*

Foie gras
Tu deinen Mund auf und iß, was ich dir geben werde. HESEKIEL 2,8

Forschung
→ *Honig*

Frankreich
ein Land, darin Milch und Honig fließt 2. MOSE 3,8

Frau
Und dein Verlangen soll nach deinem Manne sein, aber er soll dein Herr sein. 1. MOSE 3,16

Laß deiner Frau keine Gewalt über dich, damit sie nicht über dich Herr wird. SIRACH 9,2

wie aus den Kleidern Motten kommen, so kommt von Frauen viel Schlechtigkeit. SIRACH 42,13

Wollen sie aber etwas lernen, so sollen sie daheim ihre Männer fragen. 1. KORINTHER 14,35

Wer seine Frau liebt, der liebt sich selbst.
EPHESER 5,28

Einer Frau gestatte ich nicht, daß sie lehre, auch nicht, daß sie über den Mann Herr sei, sondern sie sei still. I. TIMOTHEUS 2,12

Sie wird aber selig werden dadurch, daß sie Kinder zur Welt bringt I. TIMOTHEUS 2,15

→ *Ausrede*
Bosheit
Chauvinismus
Ehebruch
Fellatio
Haare, lange
Kriegsdienst
Lernen
Pflichten, eheliche
Priester
Scheidung
Schweigen
Transvestit
Weib
Zauberei

Frau, fremde

die Lippen der fremden Frau sind süß wie Honigseim, und ihre Kehle ist glatter als Öl

SPRÜCHE 5,3

→ *Hure*

Frau, Gleichberechtigung der
Wenn zwei Männer gegeneinander handgreiflich werden und des einen Frau läuft hinzu, um ihren Mann zu erretten von der Hand dessen, der ihn schlägt, und sie streckt ihre Hand aus und ergreift ihn bei seiner Scham, so sollst du ihr die Hand abhauen, und dein Auge soll sie nicht schonen.

5. MOSE 25,11–12

Frauen, Weisheit der
Die Weisheit der Frauen baut ihr Haus; aber ihre Torheit reißt's nieder mit eigenen Händen.

SPRÜCHE 14,1

Free Jazz
Bläst man etwa die Posaune in einer Stadt und das Volk entsetzt sich nicht? AMOS 3,6

Fressen
→ *Essen*
Jesus

Freund
→ *Feind*

Frieden, häuslicher
Denn der Sohn verachtet den Vater, die Tochter widersetzt sich der Mutter, die Schwiegertochter

ist wider die Schwiegermutter; und des Menschen Feinde sind seine eigenen Hausgenossen.

MICHA 7,6

→ *Intrigant*

Frisur

→ *Glatze*
Haare

Frucht

→ *Baum*
Mühe

Fruchtbarkeit

→ *Unfruchtbarkeit*
Vermehrung

Frühaufsteher

Es ist umsonst, daß ihr früh aufsteht PSALM 127,2

Weh denen, die des Morgens früh auf sind

JESAJA 5,11

Furcht

Furcht ist nichts anderes, als daß einer nicht wagt, sich von seinem Verstand helfen zu lassen.

WEISHEIT 17,12

→ *Mensch*

Fußball

→ *Beckenbauer, Franz*
Nationalmannschaft

Futurologie

Verkündigt uns, was hernach kommen wird, damit wir erkennen, daß ihr Götter seid! JESAJA 41,23

G

Gähnen

O Herr, er will mich fressen! TOBIAS 6,3

Gastarbeiter

Willst du aber Sklaven und Sklavinnen haben, so sollst du sie kaufen von den Völkern, die um euch her sind 3. MOSE 25,44

Geben und Nehmen

Deine Hand soll nicht offen sein, wenn's ums Nehmen geht, aber auch nicht geschlossen, wenn's ans Geben geht. SIRACH 4,36

→ *Prügelei*

Geburtstag

Eile und menge drei Maß feinstes Mehl, knete und backe Kuchen. 1. MOSE 18,6

Gedanken

→ *Außenseiter*

Gefahr

Wer sich in Gefahr begibt, der kommt darin um

SIRACH 3,27

Gefangenschaft

→ *Treffpunkt*

Gehorsam

Gehorsam ist besser als Opfer 1. SAMUEL 15,22

→ *Foie gras*
Staatsgewalt

Geist

→ *Dreiecksverhältnis*
Müdigkeit

Geld

→ *Finanzminister*
Pechsträhne
Reiseschecks
Restaurant
Sonderangebot
Totschlag
Zahlungsbilanz, positive
Zinsen

Geldgier

Geldgier ist eine Wurzel alles Übels

1. TIMOTHEUS 6,10

Gelübde

Es ist besser, du gelobst nichts, als daß du nicht hältst, was du gelobst. PREDIGER 5,4

Gerechtigkeit

Sei nicht allzu gerecht und nicht allzu weise, damit du dich nicht zugrunde richtest. PREDIGER 7,16

→ *Ungerechtigkeit*

Gerechtigkeit, ausgleichende

Leben um Leben, Auge um Auge, Zahn um Zahn, Hand um Hand, Fuß um Fuß, Brandmal um Brandmal, Beule um Beule, Wunde um Wunde. 2. MOSE 21,23–25

Wie du getan hast, soll dir wieder geschehen, und wie du verdient hast, so soll es auf deinen Kopf kommen. OBADJA 15

→ *Imperativ, kategorischer*
Inversion

Gericht

Sind es nicht die Reichen, die Gewalt gegen euch üben und euch vor Gericht ziehen? JAKOBUS 2,6

→ *Richter*
Witzigmann, Eckart

Geschenke

Und daß niemand vor mir mit leeren Händen erscheine! 2. MOSE 34,20

→ *Bestechung*
Schwiegermutter

Gesetz

Denn ich weiß nicht, was ich tue. Denn ich tue nicht, was ich will; sondern was ich hasse, das tue ich. Wenn ich aber das tue, was ich nicht will, so gebe ich zu, daß das Gesetz gut ist. RÖMER 7,15–16

Wir wissen aber, daß das Gesetz gut ist, wenn es jemand recht gebraucht 1. TIMOTHEUS 1,8

→ *Altes Testament*
Prohibition

Gesundheit

Es ist besser, arm zu sein und dabei frisch und gesund als reich und nicht gesund. SIRACH 30,14

Gewalt

es geht Gewalt vor Recht. HABAKUK 1,3

→ *Gericht*
Staatsgewalt

Gewicht
gewogen und zu leicht befunden. DANIEL 5,27

→ *Kauderwelsch*

Gewinn
Wo man arbeitet, da ist Gewinn SPRÜCHE 14,23

→ *Bestattungsunternehmer*
Vergeblichkeit
Zweck

Gewissen
laßt euch nun von niemandem ein schlechtes Gewissen machen KOLOSSER 2,16

→ *Fleisch*

Glatze
Wenn einem Mann die Haupthaare ausfallen, daß er am Hinterkopf kahl wird, der ist rein. Fallen sie ihm vorn am Kopf aus und entsteht eine Glatze, so ist er rein. 3. MOSE 13,40-41

Glaube
der Glaube ist nicht jedermanns Ding.
2. THESSALONICHER 3,2

Gleichberechtigung
→ *Frau, Gleichberechtigung der*

Gnade
→ *Tautologien*

Glück
→ *Bestechung*

Gott
ich, der HERR, dein Gott, bin ein eifernder Gott, der die Missetat der Väter heimsucht bis ins dritte und vierte Glied an den Kindern derer, die mich hassen 2. MOSE 20,5 UND 5. MOSE 5,9

Niemand hat Gott jemals gesehen. 1. JOHANNES 4,12

→ *Bibel*
Monotheismus
Religion
Religionskritiker

Gourmet
die Säufer und Schlemmer verarmen SPRÜCHE 23,21

→ *Arbeitslosigkeit*

Grenze
Bis hierher sollst du kommen und nicht weiter HIOB 38,11

Großgrundbesitz

Weh denen, die ein Haus zum andern bringen und einen Acker an den andern rücken, bis kein Raum mehr da ist und sie allein das Land besitzen!

JESAJA 5,8

Grube

Wer eine Grube gräbt, der kann selbst hineinfallen, und wer eine Mauer einreißt, den kann eine Schlange beißen. PREDIGER 10,8

Wer eine Grube gräbt, der fällt selbst hinein; wer eine Falle stellt, der fängt sich selbst. SIRACH 27,29

→ *Blindheit*
Weib, unzüchtiges

Gruß

Gehabt euch wohl!

2. MAKKABÄER 11,20 UND 11,33 UND 11,38

Gut und Böse

Laß ab vom Bösen und tu Gutes PSALM 37,27

H

Haarausfall
die Haare auf eurem Haupt sind alle gezählt.
LUKAS 12,7

→ *Glatze*

Haare
Ihr sollt euer Haar am Haupt nicht rundherum abschneiden noch euren Bart stutzen. 3. MOSE 19,27

Schere deine Haare ab und wirf sie von dir und wehklage auf den Höhen JEREMIA 7,29

Haare, graue
Graue Haare sind eine Krone der Ehre
SPRÜCHE 16,31

Haare, lange
Lehrt euch nicht auch die Natur, daß es für einen Mann eine Unehre ist, wenn er langes Haar trägt, aber für eine Frau eine Ehre, wenn sie langes Haar hat? 1. KORINTHER 11,14–15

→ *Hippie*

Hagab

→ *Heuschrecken*

Hargol

→ *Heuschrecken*

Haß

→ *Determinismus*
Gott
Prügelstrafe
Vegetarier

Haus

→ *Einbruch*
Existenzminimum
Frieden, häuslicher
Prophet

Haustür

schüttelt den Staub von euren Füßen

MATTHÄUS 10,14 UND MARKUS 6,11 UND LUKAS 9,5

Hebräisch

→ *Altes Testament*

Heirat
Wenn sie sich aber nicht enthalten können, sollen sie heiraten; denn es ist besser, zu heiraten als sich in Begierde zu verzehren. I. KORINTHER 7,9

→ *Ehe*
Hochzeit
Liebe auf den ersten Blick
Pflichten, eheliche

Hektik
→ *Zeit*

Hermeneutik
Wenn ich nun die Bedeutung der Sprache nicht kenne, werde ich den nicht verstehen, der redet, und der redet, wird mich nicht verstehen.
I. KORINTHER 14,11

Herr
Niemand kann zwei Herren dienen: entweder er wird den einen hassen und den andern lieben, oder er wird an dem einen hängen und den andern verachten. MATTHÄUS 6,24

→ *Frau*
Kritik
Name
Schicksal

Herr und Knecht

Ein Sohn soll seinen Vater ehren und ein Knecht seinen Herrn. MALEACHI 1,6

Heuchler

→ *Fasten*

Heuschrecken

Von diesen könnt ihr essen die Heuschrecken, als da sind: den Arbe mit seiner Art, den Solam mit seiner Art, den Hargol mit seiner Art und den Hagab mit seiner Art. 3. MOSE 11,22

Hinterlist

→ *Grube*

Hippie

Ihr sollt euer Haupthaar nicht wirr hängen lassen und eure Kleider nicht zerreißen 3. MOSE 10,6

Hochmut

Hochmut kommt vor dem Fall. SPRÜCHE 16,18

Hochzeit

Wer die Braut hat, der ist der Bräutigam JOHANNES 3,29

→ *Heirat*

Hoffnung

Denn wer noch bei den Lebenden weilt, der hat Hoffnung; denn ein lebender Hund ist besser als ein toter Löwe. PREDIGER 9,4

Die Hoffnung aber, die man sieht, ist nicht Hoffnung; denn wie kann man auf das hoffen, was man sieht? RÖMER 8,24

Homöopathie

womit jemand sündigt, damit wird er auch bestraft. WEISHEIT 11,16

Homosexualität

Du sollst nicht bei einem Mann liegen wie bei einer Frau 3. MOSE 18,22

deine Liebe ist mir sonderlicher gewesen, denn Frauenliebe ist. 2. SAMUEL 1,26

desgleichen haben auch die Männer den natürlichen Verkehr mit der Frau verlassen und sind in Begierde zueinander entbrannt und haben Mann mit Mann Schande getrieben und den Lohn ihrer Verirrung, wie es ja sein mußte, an sich selbst empfangen. RÖMER 1,27

Honig

Findest du Honig, so iß davon nur, soviel du bedarfst, daß du nicht zu satt werdest und speiest ihn aus. SPRÜCHE 25,26

Zuviel Honig essen ist nicht gut; aber wer nach schweren Dingen forscht, dem bringt's Ehre.

SPRÜCHE 25,27

→ *Existenzminimum*
Frankreich
Frau, fremde

Hören

→ *Ohren*

Hunger

Und da er vierzig Tage und vierzig Nächte gefastet hatte, hungerte ihn. MATTHÄUS 4,2

Hat jemand Hunger, so esse er daheim

I. KORINTHER II,34

→ *Kapitalismus*
Treffpunkt

Hure

Denn eine Hure bringt einen nur ums Brot, aber eines andern Ehefrau um das kostbare Leben.

SPRÜCHE 6,26

Denn die Hure ist eine tiefe Grube, und die fremde Frau ist ein enger Brunnen. SPRÜCHE 23,27

Geh hin und nimm ein Hurenweib und Hurenkinder HOSEA 1,2

→ *Priester*

Hurerei

Hurerei, Wein und Trunk machen toll. HOSEA 4,11

I

Ideologie
→ *Arbeit*

Imperativ, kategorischer
Was du nicht willst, daß man dir tu, das füg auch keinem andern zu. TOBIAS 4,16

Alles nun, was ihr wollt, daß euch die Leute tun sollen, das tut ihnen auch! MATTHÄUS 7,12

Informationspolitik
→ *Taylor, Cecil*

Intelligenz
→ *Dummheit*

Intrigant
Denn ich bin gekommen, den Menschen zu entzweien mit seinem Vater und die Tochter mit ihrer Mutter und die Schwiegertochter mit ihrer Schwiegermutter. MATTHÄUS 10,35

→ *Frieden, häuslicher*

Inversion

was hoch ist, soll erniedrigt werden, und was niedrig ist, soll erhöht werden. HESEKIEL 21,31

wer sich selbst erhöht, der wird erniedrigt; und wer sich selbst erniedrigt, der wird erhöht.
MATTHÄUS 23,12

J

Jahr
tausend Jahre sind vor dir wie der Tag, der gestern vergangen ist PSALM 90,4

Jesus
Siehe, was ist dieser Mensch für ein Fresser und Weinsäufer MATTHÄUS 11,19

Joyce, Stanislaus
soll ich meines Bruders Hüter sein? 1. MOSE 4,9

Jugendliebe
werde keiner treulos dem Weib seiner Jugend. MALEACHI 2,15

Justiz
→ *Rechtsanwalt*
Richter

K

Kabbala

→ *Sechshundertundsechsundsechzig*

Kaiser

→ *Beckenbauer, Franz*

Kalb

→ *Menschenopfer*

Kannibalismus

einer soll des andern Fleisch essen in der Not

JEREMIA 19,9

Kapitalismus

Der Hunger des Arbeiters arbeitet für ihn; denn sein Mund treibt ihn an. SPRÜCHE 16,26

Karenzzeit

Weil das Urteil über böses Tun nicht sogleich ergeht, wird das Herz der Menschen voll Begier, Böses zu tun. PREDIGER 8,11

Kauderwelsch

Mene mene tekel u-parsin. DANIEL 5,25

→ *Gewicht*

Kinder

Wohl dem, der deine jungen Kinder nimmt und sie am Felsen zerschmettert! PSALM 137,9

die kinderreiche Menge der Gottlosen ist nichts nütze WEISHEIT 4,3

hüte dich auch vor deinen eignen Kindern. SIRACH 32,26

Es ist besser, daß deine Kinder dich brauchen, als daß du aus ihren Händen nehmen mußt. SIRACH 33,22

→ *Einzelkind*
Frau
Gott

Kinderlosigkeit

Besser ist's, keine Kinder zu haben WEISHEIT 4,1

→ *Unfruchtbarkeit*

Kirche, katholische

Priester und Propheten sind toll von starkem Getränk, sind vom Wein verwirrt. Sie taumeln von starkem Getränk, sie sind toll beim Weissagen und wanken beim Rechtsprechen. JESAJA 28,7

Klavier

→ *Taylor, Cecil*

Kleidung

→ *Existenzminimum*
FKK
Frau
Hippie
Mischgewebe
Pechsträhne
Sorglosigkeit
Transvestit
Waschen

Klugheit

→ *Tod*
Zeit, böse

Knecht

→ *Herr und Knecht*

Koalition

Können etwa zwei miteinander wandern, sie seien denn einig untereinander? AMOS 3,3

Kochen

Du sollst das Böcklein nicht kochen in seiner Mutter Milch. 2. MOSE 23,19

→ *Fleischbrühe*
Witzigmann, Eckart

Kompetenzbereich

Mit dem, was dich nichts angeht, gib dich nicht ab SIRACH 3,24

Konsequenz

bleibe fest bei dem, was du erkannt hast, und rede nicht bald so, bald anders. SIRACH 5,12

Kotzen

→ *Honig*
Mund

Krankheit

→ *Arzt*
Gesundheit
Tod
Weinschorle

Kredit

→ *Zahlungsbilanz, positive*
Zinsen

Kreditkarten

→ *Reiseschecks*

Krieg

das Schwert frißt bald diesen, bald jenen.

2. SAMUEL 11,25

Bereitet euch zum heiligen Krieg! JOEL 4,9

Kriegsdienst

Wenn jemand sich kurz vorher eine Frau genommen hat, soll er nicht mit dem Heer ausziehen, und man soll ihm nichts auferlegen. Er soll frei in seinem Hause sein ein Jahr lang, daß er fröhlich sei mit seiner Frau, die er genommen hat.

5. MOSE 24,5

Kritik

wen der HERR liebt, den weist er zurecht

SPRÜCHE 3,12

Küche, englische

Ißt man denn Fades, ohne es zu salzen HIOB 6,6

Kuchen

→ *Geburtstag*

Kuß

→ *Fernsehquiz*
Menschenopfer

Lachen
→ *Trauern*

Land
→ *Evolution*
Großgrundbesitz
Regionalküche

Lastenausgleich
Einer trage des andern Last GALATER 6,2

ein jeder wird seine eigene Last tragen. GALATER 6,5

Leben
Unser Leben währet siebzig Jahre, und wenn's hoch kommt, so sind's achtzig Jahre, und was daran köstlich scheint, ist doch nur vergebliche Mühe; denn es fähret schnell dahin, als flögen wir davon. PSALM 90,10

Umsonst habt ihr's empfangen, umsonst gebt es auch. MATTHÄUS 10,8

→ *Eau de vie*
Ehe, glückliche
Evolution
Existenzminimum
Hoffnung
Hure
Schöpfung, Krone der
Schotte
Sinn des Lebens
Sinnlosigkeit des Lebens
Sorglosigkeit
Tautologien
Tod
Totschlag
Zauberei

Leben, Die ganze Wahrheit über das

Kurz und voller Leid ist unser Leben, und wenn ein Mensch dahin soll, so gibt es keine Rettung; auch weiß man von keinem, der aus dem Totenreich befreit. Denn nur zufällig sind wir geworden, und nachher werden wir sein, als wären wir nie gewesen. Denn der Atem in unsrer Nase ist nur Rauch und unser Denken nur ein Funke, der aus dem Pochen unsres Herzens entsteht. Wenn er verloschen ist, so geht der Leib dahin wie Asche, und der Geist zerflattert wie Luft. Unser Name wird mit der Zeit vergessen, und niemand denkt mehr an unser Wirken. WEISHEIT 2,1–4

Lehrer

→ *Sachkenntnis*

Lehrerschwemme

→ *Abiturienten*

Leibesübungen

die leibliche Übung ist wenig nütze I. TIMOTHEUS 4,8

Leiden

→ *Ausbildung*

Leihen

Leihe keinem etwas, der mächtiger ist als du; leihst du ihm aber etwas, so schreib es gleich ab.
SIRACH 8,15

→ *Zahlungsbilanz, positive*
Zinsen

Lernen

Eine Frau lerne in der Stille mit aller Unterordnung. I. TIMOTHEUS 2,11

→ *Ausbildung*

Lesen
Verstehst du auch, was du liest?
APOSTELGESCHICHTE 8,30

→ *Altes Testament*

Licht
→ *Finsternis*

Liebe
Komm, laß uns kosen bis an den Morgen und laß uns die Liebe genießen. SPRÜCHE 7,18

Ich liebe, die mich lieben, und die mich suchen, finden mich. SPRÜCHE 8,17

Die Liebe tut dem Nächsten nichts Böses.
RÖMER 13,10

→ *Blähungen*
Determinismus
Frau
Homosexualität
Prügelstrafe
Vegetarier

Liebe auf den ersten Blick
sie aßen, sie tranken, sie heirateten MATTHÄUS 24,38

Liebe, wahre

wenn ich mich zu Bette lege, so denke ich an dich, wenn ich wach liege, sinne ich über dich nach.

PSALM 63,7

wo dein Schatz ist, da ist auch dein Herz.

MATTHÄUS 6,21

Lied

→ *Schlager, deutscher*

Linguistik

Es gibt so viele Arten von Sprache in der Welt, und nichts ist ohne Sprache. 1. KORINTHER 14,10

Literatur

→ *Buchstabe*
Lesen
Schmidt, Arno
Schriftsteller
Sprache
Verlag

Logik, formale

→ *Paradoxon*

Lohn

→ *Arbeitslohn*

Lüge
→ *Schätze*
Tautologien

Lügner
Alle Menschen sind Lügner. PSALM 116,11

→ *Paradoxon*

Lust
→ *Fleisch*
Sex

Luxus
→ *Brot*

Macht
→ *Leihen*

Machthaber
Die Gewaltigen reden nach ihrem Mutwillen, um Schaden zu tun, und drehen's, wie sie wollen.
MICHA 7,3

→ *Staatsgewalt*

Mädchen
Schau nicht zu viel nach den Mädchen, es könnte dich teuer zu stehen kommen. SIRACH 9,5

Magen
→ *Weinschorle*

Mahlzeit
Kommt, denn es ist alles bereit! LUKAS 14,17

→ *Restaurant*
Tafelmusik
Zweck

Mai

Siehe, ich mache alles neu! OFFENBARUNG 21,5

Management

→ *Arbeit*

Mann

→ *Chauvinismus*
Eifersucht
Frau
Frau, Gleichberechtigung der
Haare, lange
Homosexualität
Masturbation
Pflichten, eheliche
Prügelei
Scheidung
Tautologien
Transvestit
Träume, feuchte
Vertrauen

Masturbation

Ein Mann, der an sich selbst Unzucht treibt, hat keine Ruhe, bis das Feuer ausgebrannt ist.

SIRACH 23,23

Matriarchat

Forschet doch und sehet, ob dort Männer gebären!

JEREMIA 30,6

Matthäus, Lothar

→ *Nationalmannschaft*

Mauer

→ *Grube*

Mäuse

die Mäuse sind aus ihren Löchern hervorgekommen und wagen, uns zum Kampf herauszufordern.

JUDIT 14,11

Meer

Alle Wasser laufen ins Meer, doch wird das Meer nicht voller PREDIGER 1,7

→ *Umweltschutz*

Mehl

→ *Existenzminimum*
Geburtstag

Meister

→ *Werk*

Mensch

Furcht und Schrecken vor euch sei über allen Tieren auf Erden und über allen Vögeln unter dem Himmel, über allem, was auf dem Erdboden wimmelt, und über allen Fischen im Meer; in eure Hände seien sie gegeben. 1. MOSE 9,2

→ *Bescheidenheit*
Brot
Einsamkeit
Existenzminimum
Intrigant
Lügner
Religion
Schöpfung, Krone der
Sechshundertundsechsundsechzig
Vertrauen
Wein

Menschenfreunde

vergib ihnen; denn sie wissen nicht, was sie tun! LUKAS 23,34

Menschenopfer

Wer die Kälber küssen will, der soll Menschen opfern. HOSEA 13,2

→ *Sodomie*

Menschenraub
Wer einen Menschen raubt, sei es, daß er ihn verkauft, sei es, daß man ihn bei ihm findet, der soll des Todes sterben. 2. MOSE 21,16

Meteorologie
Wer auf den Wind achtet, der sät nicht, und wer auf die Wolken sieht, der erntet nicht. PREDIGER 11,4

Milch
→ *Existenzminimum*
Frankreich
Kochen

Mischgewebe
lege kein Kleid an, das aus zweierlei Faden gewebt ist. 3. MOSE 19,19

Missetat
→ *Gott*

Monotheismus
Und mit den Götzen wird's ganz aus sein.
JESAJA 2,18

→ *Gott*

Mörder

Halt dich fern von dem, der Gewalt hat zu töten, so brauchst du dich nicht zu fürchten, daß er dich tötet. SIRACH 9,18

Morgen

→ *Frühaufsteher*
Liebe
Tag, morgiger

Motte

→ *Frau*

Müdigkeit

Der Geist ist willig; aber das Fleisch ist schwach.
MATTHÄUS 26,41 UND MARKUS 14,38

→ *Verlag*

Mühe

Denn wer sich recht müht, empfängt herrliche Frucht WEISHEIT 3,15

→ *Sinnlosigkeit des Lebens*
Vergeblichkeit
Zweck

Mund

Was zum Mund hineingeht, das macht den Menschen nicht unrein; sondern was aus dem Mund herauskommt, das macht den Menschen unrein.

MATTHÄUS 15,11

→ *Diebstahl*
Faulheit
Fellatio
Foie gras
Kapitalismus
Sachkenntnis
Schwätzer
Schweigen
Weib, unzüchtiges

Musik

→ *Breuker, Willem*
Free Jazz
Schlager, deutscher
Tafelmusik
Taylor, Cecil

Mutter

→ *Egozentriker*
Eltern
Frieden, häuslicher
Intrigant

N

Nacktheit

→ *FKK*
Sinnlosigkeit des Lebens

Nahrung

Alles, was sich regt und lebt, das sei eure Speise

1. MOSE 9,3

→ *Brot*
Fleisch
Fleischbrühe
Heuschrecken
Honig
Küche, englische
Regionalküche
Salz
Sauerteig
Schnellimbiß
Vampire
Vögel

Nahrungskette

Was die Raupen übriglassen, das fressen die Heuschrecken, und was die Heuschrecken übriglassen, das fressen die Käfer, und was die Käfer übriglassen, das frißt das Geschmeiß. JOEL 1,4

Name

man darf des HERRN Namen nicht nennen.

AMOS 6,10

Narren

→ *Tod*

Nationalmannschaft

viele sind berufen, aber wenige sind auserwählt.

MATTHÄUS 22,14

Neuigkeit

es geschieht nichts Neues unter der Sonne.

PREDIGER 1,9

New York

Gaffe nicht umher in den Straßen der Stadt, und laufe nicht durch alle einsamen Winkel.

SIRACH 9,7

Nouvelle cuisine

Du sollst essen und doch nicht satt werden.

MICHA 6,14

O

Obrigkeit

→ *Staatsgewalt*

Obst

→ *Baum*

Ohren

Wer Ohren hat, der höre!

MATTHÄUS 11,15 UND 13,9 UND 13,43

→ *Aufklärung*

Okkultismus

Ihr sollt euch nicht wenden zu den Geisterbeschwörern und Zeichendeutern und sollt sie nicht befragen, daß ihr nicht an ihnen unrein werdet

3. MOSE 19,31

→ *Wahrsagerei*
Zauberei

Öl

→ *Existenzminimum*

Opfer

→ *Gehorsam*
Menschenopfer

Opportunismus

→ *Konsequenz*

Optimismus

Es wird das Unglück nicht zweimal kommen.

NAHUM 1,9

→ *Ende*

Osterei

wenn ihr mich von ganzem Herzen suchen werdet, so will ich mich von euch finden lassen

JEREMIA 29,13–14

Suchet mich, so werdet ihr leben. AMOS 5,4

P

Paradoxon

Es hat einer von ihnen gesagt, ihr eigener Prophet: Die Kreter sind immer Lügner TITUS 1,12

Parlament

Dort schrien die einen dies, die andern das, und die Versammlung war in Verwirrung, und die meisten wußten nicht, warum sie zusammengekommen waren. APOSTELGESCHICHTE 19,32

Parteienbildung

Wer nicht mit mir ist, der ist gegen mich
MATTHÄUS 12,30 UND LUKAS 11,23

wer nicht gegen uns ist, der ist für uns. MARKUS 9,40

wer nicht gegen euch ist, der ist für euch.
LUKAS 9,50

Pechsträhne

Ihr säet viel und bringt wenig ein; ihr eßt und werdet doch nicht satt; ihr trinkt und bleibt doch durstig; ihr kleidet euch und könnt euch doch nicht erwärmen; und wer Geld verdient, der legt's in einen löchrigen Beutel. HAGGAI 1,6

Perlen

→ *Schmuck*

Personen

→ *Beckenbauer, Franz*
Breuker, Willem
Joyce, Stanislaus
Matthäus, Lothar
Schmidt, Arno
Siebeck, Wolfram
Stotz, Annette
Taylor, Cecil
Witzigmann, Eckart

Pflichten, eheliche

Es ist gut für den Mann, keine Frau zu berühren. Aber um Unzucht zu vermeiden, soll jeder seine eigene Frau haben und jede Frau ihren eigenen Mann. Der Mann leiste der Frau, was er ihr schuldig ist, desgleichen die Frau dem Mann.

1. KORINTHER 7,1–3

→ *Ehe*

Philosoph

Wem jagst du nach? Einem toten Hund, einem einzelnen Floh! I. SAMUEL 24,15

Piano

→ *Taylor, Cecil*

Plage

→ *Bibel*

Politik

Willst du zur Linken, so will ich zur Rechten, oder willst du zur Rechten, so will ich zur Linken.

I. MOSE 13,9

→ *Koalition*
Parlament
Wahl

Politiker

Weh denen, die Böses gut und Gutes böse nennen, die aus Finsternis Licht und aus Licht Finsternis machen, die aus sauer süß und aus süß sauer machen! JESAJA 5,20

→ *Bestechung*
Finanzminister
Schwätzer
Unentschlossenheit

Posaune

→ *Breuker, Willem*
Free Jazz

Pragmatismus

Es ist besser, zu gebrauchen, was vor Augen ist, als nach anderm zu verlangen. PREDIGER 6,9

Priester

Sie sollen keine Hure zur Frau nehmen 3. MOSE 21,7

→ *Kirche, katholische*

Prohibition

Das Gesetz aber ist dazwischen hineingekommen, damit die Sünde mächtiger würde. RÖMER 5,20

Prophet

Ein Prophet gilt nirgends weniger als in seinem Vaterland und bei seinen Verwandten und in seinem Hause. MARKUS 6,4

Sie sind voll von süßem Wein.
APOSTELGESCHICHTE 2,13

→ *Altes Testament*
Kirche, katholische
Paradoxon

Prüfung

Prüft aber alles, und das Gute behaltet.

1. THESSALONICHER 5,21

Prügelei

Wenn Männer miteinander streiten und einer schlägt den andern mit einem Stein oder mit der Faust, daß er nicht stirbt, sondern zu Bett liegen muß und wieder aufkommt und ausgehen kann an seinem Stock, so soll der, der ihn schlug, nicht bestraft werden; er soll ihm aber bezahlen, was er versäumt hat, und das Arztgeld geben.

2. MOSE 21,18–19

Geben ist seliger als nehmen.

APOSTELGESCHICHTE 20,35

→ *Frau, Gleichberechtigung der*

Prügelstrafe

Wer seine Rute schont, der haßt seinen Sohn; wer ihn aber liebhat, der züchtigt ihn beizeiten.

SPRÜCHE 13,24

Züchtige deinen Sohn, solange Hoffnung da ist, aber laß dich nicht hinreißen, ihn zu töten.

SPRÜCHE 19,18

Psychotherapeut

Mancher ist zwar fähig, vielen andern zu raten, aber sich selbst kann er nicht helfen. SIRACH 37,22

R

Rache

Die Rache ist mein 5. MOSE 32,35

Rausch

→ *Kirche, katholische*
Schnaps
Wein

Recht

Recht muß doch Recht bleiben PSALM 94,15

→ *Gesetz*
Gewalt

Rechtsanwalt

Es ist mancher scharfsinnig, aber ein Bösewicht, und kann eine Sache so drehen, daß er recht behält. SIRACH 19,22

Regionalküche

bleibe im Lande und nähre dich redlich. PSALM 37,3

Reichtum
Reichtum macht viel Freunde; aber der Arme wird von seinem Freunde verlassen. SPRÜCHE 19,4

Der Reiche herrscht über die Armen SPRÜCHE 22,7

→ *Arbeit*
Arbeiter
Gericht
Gesundheit
Schotte

Reinheit
Den Reinen ist alles rein TITUS 1,15

→ *Unschuld*

Reiseschecks
Ihr sollt weder Gold noch Silber, noch Kupfer in euren Gürteln haben MATTHÄUS 10,9

Relativitätstheorie
Diese Erkenntnis ist mir zu wunderbar und zu hoch, ich kann sie nicht begreifen. PSALM 139,6

Religion
Wie kann ein Mensch sich Götter machen? Das sind doch keine Götter! JEREMIA 16,20

Religionskritiker

Ich denke an Gott – und bin betrübt PSALM 77,4

Restaurant

Man hält Mahlzeiten, um zu lachen, und der Wein erfreut das Leben, und das Geld muß alles zuwege bringen. PREDIGER 10,19

→ *Schnellimbiß*
Weinstube

Richter

Zieh einen Richter nicht vor Gericht; denn man spricht das Urteil, wie er will. SIRACH 8,17

Richtet nicht, damit ihr nicht gerichtet werdet. MATTHÄUS 7,1

Risiko

→ *Grube*

Ruhe, ewige

→ *Tod*

S

Saat

Die mit Tränen säen, werden mit Freuden ernten.
PSALM 126,5

Wer Unrecht sät, der wird Unglück ernten
SPRÜCHE 22,8

Sie haben Weizen gesät, aber Dornen geerntet
JEREMIA 12,13

sie säen Wind und werden Sturm ernten. HOSEA 8,7

Wer da kärglich sät, der wird auch kärglich ernten
2. KORINTHER 9,6

was der Mensch sät, das wird er ernten.
GALATER 6,7

→ *Meteorologie*
Pechsträhne

Sachkenntnis

Verstehst du etwas von der Sache, so erkläre es deinem Nächsten, wenn nicht, so halt deinen Mund. SIRACH 5,14

Salz

Wenn nun das Salz nicht mehr salzt, womit soll man salzen? MATTHÄUS 5,13

→ *Existenzminimum*
Küche, englische

Samen

→ *Träume, feuchte*

San Francisco

Es wird hier nicht ein Stein auf dem andern bleiben, der nicht zerbrochen werde. MATTHÄUS 24,2

Satan

→ *Dialektik*
Sechshundertundsechsundsechzig

Sau

→ *Schmuck*
Weib, schönes

Sauberkeit

→ *Etiquette*
Reinheit
Waschen

Sauerteig

Ein wenig Sauerteig durchsäuert den ganzen Teig.
GALATER 5,9

Saufen

Bringt her, laßt uns saufen! AMOS 4,1

→ *Barmixer*
Jesus
Trinken

Säufer

Seine Augen sind dunkel von Wein 1. MOSE 49,12

→ *Arbeiter*
Wein

Schätze

Wer Schätze sammelt mit Lügen, der wird fehlgehen und ist unter denen, die den Tod suchen.
SPRÜCHE 21,6

Scheidung

Wenn jemand eine Frau zur Ehe nimmt und sie nicht Gnade findet vor seinen Augen, weil er etwas Schändliches an ihr gefunden hat, und er einen Scheidebrief schreibt und ihr in die Hand gibt und sie aus seinem Hause entläßt und wenn sie dann aus seinem Hause gegangen ist und hingeht und wird eines andern Frau und dieser andere Mann ihrer auch überdrüssig wird und einen Scheidebrief schreibt und ihr in die Hand gibt und sie aus seinem Hause entläßt oder wenn dieser andere Mann stirbt, der sie zur Frau genommen hatte, so kann sie ihr erster Mann, der sie entließ, nicht wieder zur Frau nehmen, nachdem sie unrein geworden ist 5. MOSE 24,1–4

Schicksal

Der HERR hat's gegeben, der HERR hat's genommen HIOB 1,21

→ *Determinismus*

Schlaf

Liebe den Schlaf nicht, daß du nicht arm werdest; laß deine Augen offen sein, so wirst du Brot genug haben. SPRÜCHE 20,13

Schlager, deutscher

Tu weg von mir das Geplärr deiner Lieder

AMOS 5,23

Schlange

→ *Grube*
Wein

Schlechtigkeit

→ *Frau*

Schmidt, Arno

Ich bin das A und das O OFFENBARUNG 1,8

Schmuck

eure Perlen sollt ihr nicht vor die Säue werfen

MATTHÄUS 7,6

→ *Tafelmusik*
Weib, schönes

Schnaps

Gebt starkes Getränk denen, die am Umkommen sind, und Wein den betrübten Seelen, daß sie trinken und ihres Elends vergessen und ihres Unglücks nicht mehr gedenken. SPRÜCHE 31,6–7

→ *Kirche, katholische*
Wein

Schnellimbiß

Wo das Aas ist, da sammeln sich die Geier.

MATTHÄUS 24,28

Schönheit

→ *Weib, schönes*

Schöpfung, Krone der

Denn es geht dem Menschen wie dem Vieh: wie dies stirbt, so stirbt auch er, und sie haben alle einen Odem, und der Mensch hat nichts voraus vor dem Vieh; denn es ist alles eitel. PREDIGER 3,19

Schotte

Mancher kargt und spart und wird dadurch reich und denkt, er habe es zu etwas gebracht, und sagt: Nun will ich mir ein gutes Leben machen, essen und trinken von dem, was ich habe –, doch er weiß nicht, daß sein Stündlein so nahe ist und daß er alles anderen lassen und sterben muß. SIRACH 11,17–19

Schrecken

→ *Mensch*

Schrift

→ *Buchstabe*

Schriftsteller

Aus deinen Worten wirst du gerechtfertigt werden, und aus deinen Worten wirst du verdammt werden. MATTHÄUS 12,37

→ *Verlag*

Schule

→ *Ausbildung*

Schwabe

→ *Bausparvertrag*
Schotte

Schwäche

Der Schwache spreche: Ich bin stark! JOEL 4,10

Schwätzer

Muß denn ein Schwätzer immer recht haben?
HIOB 11,2

Wes das Herz voll ist, des geht der Mund über.
MATTHÄUS 12,34

Wir können's ja nicht lassen, von dem zu reden, was wir gesehen und gehört haben.
APOSTELGESCHICHTE 4,20

→ *Beten*
Vorrede

Schweigen

Auch ein Tor, wenn er schwiege, würde für weise gehalten und für verständig, wenn er den Mund hielte. SPRÜCHE 17,28

Eine Frau, die schweigen kann, ist eine Gabe Gottes SIRACH 26,17

→ *Zeit, böse*

Schwert

wer das Schwert nimmt, der soll durchs Schwert umkommen. MATTHÄUS 26,52

→ *Abrüstung*
Krieg
Treffpunkt

Schwiegermutter

Du sollst nicht mit leeren Händen zu deiner Schwiegermutter kommen. RUT 3,17

→ *Frieden, häuslicher*
Intrigant

Schwiegertochter

→ *Frieden, häuslicher*
Intrigant

Sechshundertundsechsundsechzig

Wer Verstand hat, der überlege die Zahl des Tieres; denn es ist die Zahl eines Menschen, und seine Zahl ist sechshundertundsechsundsechzig.
OFFENBARUNG 13,18

Segeln
Der Wind bläst, wo er will JOHANNES 3,8

Segen
Ich will segnen, die dich segnen, und verfluchen, die dich verfluchen 1. MOSE 12,3

Selbstmord
Da merkte er, daß er gefangen war, und wollte sich selbst erstechen. Denn er wollte lieber ehrenhaft sterben als den Gottlosen in die Hände fallen und von ihnen erniedrigt und verhöhnt werden. Aber in der Hast traf er sich nicht recht. Als nun die Menge in die Türen eindrang, zog er sich entschlossen auf die Mauer zurück und stürzte sich mutig hinab unter die Leute. Sie wichen ihm aber schnell aus, so daß ein freier Raum entstand; und er fiel mitten auf den leeren Platz. Er lebte aber gleichwohl noch und stand in glühendem Opfermut auf, obwohl er sehr blutete und die Wunden ihn schmerzten, lief durch das Volk hindurch und trat auf einen hohen Felsen. Und obwohl er schon fast verblutet war, riß er sich noch die Därme aus dem Leibe, faßte sie mit beiden Händen und warf sie unter die Kriegsleute und rief zu Gott, der über Leben und Geist Herr ist, dies alles möge er ihm wiedergeben, und starb so. 2. MAKKABÄER 14,41–46

→ *Leben*

Selektion
→ *Nationalmannschaft*

Sex
→ *Eltern*
Enkel
Homosexualität
Masturbation
Sodomie

Siebeck, Wolfram
→ *Gourmet*

Sinn des Lebens
daß der Mensch nichts Besseres hat unter der Sonne, als zu essen und zu trinken und fröhlich zu sein. PREDIGER 8,15

Alles, was dir vor die Hände kommt, es zu tun mit deiner Kraft, das tu; denn bei den Toten, zu denen du fährst, gibt es weder Tun noch Denken, weder Erkenntnis noch Weisheit. PREDIGER 9,10

Sinnlosigkeit des Lebens
Denn man gedenkt des Weisen nicht für immer, ebensowenig wie des Toren, und in künftigen Ta-

gen ist alles vergessen. Wie stirbt doch der Weise samt dem Toren! Darum verdroß es mich zu leben, denn es war mir zuwider, was unter der Sonne geschieht, daß alles eitel ist und Haschen nach Wind. Und mich verdroß alles, um das ich mich gemüht hatte unter der Sonne, weil ich es einem Menschen lassen muß, der nach mir sein wird.

PREDIGER 2,16–18

Wie einer nackt von seiner Mutter Leibe gekommen ist, so fährt er wieder dahin, wie er gekommen ist, und trotz seiner Mühe nimmt er nichts mit sich in seiner Hand, wenn er dahinfährt.

PREDIGER 5,14

→ *Schöpfung, Krone der*

Sitten, gute

→ *Umgang, schlechter*

Skeptizismus

unser Wissen ist Stückwerk — 1. KORINTHER 13,9

→ *Wissenschaft*

Sklaverei

→ *Gastarbeiter*
Totschlag

Sodomie

Wer einem Vieh beiwohnt, der soll des Todes sterben. 2. MOSE 22,18

→ *Menschenopfer*

Sohn

→ *Egozentriker*
Einzelkind
Enkel
Frieden, häuslicher
Herr und Knecht
Prügelstrafe
Vaterschaftsklage

Solam

→ *Heuschrecken*

Sonderangebot

Mancher kauft zunächst viel für wenig Geld; aber nachher muß er's siebenfach bezahlen. SIRACH 20,12

Sonne

→ *Einbruch*
Neuigkeit

Sorglosigkeit

Sorgt nicht um euer Leben, was ihr essen und

trinken werdet; auch nicht um euren Leib, was ihr anziehen werdet. MATTHÄUS 6,25

Sozialpolitik, christliche

Wer nicht arbeiten will, der soll auch nicht essen.
2. THESSALONICHER 3,10

Sparsamkeit

→ *Schotte*

Sport

→ *Leibesübungen*

Sprache

Wohlauf, laßt uns herniederfahren und dort ihre Sprache verwirren, daß keiner des andern Sprache verstehe! 1. MOSE 11,7

Wo viel Worte sind, da geht's ohne Sünde nicht ab
SPRÜCHE 10,19

→ *Altes Testament*
Buchstabe
Hermeneutik
Kauderwelsch
Linguistik
Mund
Unentschlossenheit

Sprüchemacher

Sei nicht wie die, die große Worte machen, aber träge und lässig sind in ihren Taten. SIRACH 4,34

Staatsgewalt

Jedermann sei untertan der Obrigkeit, die Gewalt über ihn hat. RÖMER 13,1

Denn vor denen, die Gewalt haben, muß man sich nicht fürchten wegen guter, sondern wegen böser Werke. RÖMER 13,3

Städte

→ *Chicago*
San Francisco
New York

Stärke

→ *Schwäche*

Sterben

→ *Bestattungsunternehmer*
Tod

Steuern

→ *Finanzminister*

Stotz, Annette

Ich will dir danken ewiglich PSALM 52,11

Strafe
→ *Frau, Gleichberechtigung der*
Homöopathie
Prügelstrafe
Todesstrafe
Totschlag

Streit
→ *Prügelei*

Studium
→ *Ausbildung*
Verlag

Sturm
→ *Saat*

Suche
→ *Osterei*

Sünde
→ *Arzt*
Homöopathie
Prohibition
Sprache
Unzufriedenheit
Vergebung

T

Tafelmusik

Wie ein Rubin auf einem Goldring leuchtet, so ziert Musik das Festmahl. SIRACH 32,7

Tag

→ *Jahr*

Tag, morgiger

Rühme dich nicht des morgigen Tages; denn du weißt nicht, was der Tag bringt. SPRÜCHE 27,1

Tautologien

Wem ich gnädig bin, dem bin ich gnädig, und wessen ich mich erbarme, dessen erbarme ich mich. 2. MOSE 33,19

Lassen sie uns leben, so leben wir, töten sie uns, so sind wir tot. 2. KÖNIGE 7,4

Stirbt aber ein Mann, so ist er dahin HIOB 14,10

Ein treuer Zeuge lügt nicht; aber ein falscher Zeuge redet frech Lügen. SPRÜCHE 14,5

Taylor, Cecil

laß deine linke Hand nicht wissen, was die rechte tut MATTHÄUS 6,3

Technophobie

Ich gehe nicht um mit großen Dingen, die mir zu wunderbar sind. PSALM 131,1

Testament

→ *Altes Testament*

Teufel

→ *Dialektik*
Sechshundertundsechsundsechzig

Tiere

→ *Arbeitsbedingungen*
Faulheit
Frau
Grube
Heuschrecken
Mäuse
Mensch
Menschenopfer
Nahrungskette

Philosoph
Schmuck
Schnellimbiß
Schöpfung, Krone der
Sechshundertundsechsundsechzig
Sodomie
Vögel
Wein

Tochter
→ *Egozentriker*
Enkel
Frieden, häuslicher
Intrigant

Tod

Auch die Weisen sterben, so wie die Toren und Narren umkommen PSALM 49,11

Lehre uns bedenken, daß wir sterben müssen, auf daß wir klug werden. PSALM 90,12

Gott hat den Tod nicht gemacht und hat kein Gefallen am Untergang der Lebenden WEISHEIT 1,13

der Tod hat auf der Erde kein Recht. WEISHEIT 1,14

Der Tod ist besser als ein bitteres Leben und ewige Ruhe besser als stete Krankheit. SIRACH 30,17

→ *Begräbnis*
Bestattungsunternehmer
Bettler
Mörder
Schöpfung, Krone der
Schotte
Schwert
Selbstmord
Sinn des Lebens
Sinnlosigkeit des Lebens
Tautologien
Treffpunkt

Todesstrafe

→ *Ehebruch*
Eltern
Menschenraub
Sodomie
Vampire
Zauberei

Totschlag

Wer seinen Sklaven oder seine Sklavin schlägt mit einem Stock, daß sie unter seinen Händen sterben, der soll dafür bestraft werden. Bleiben sie aber einen oder zwei Tage am Leben, so soll er nicht dafür bestraft werden; denn es ist sein Geld.

2. MOSE 21,20–21

Torheit
→ *Frauen, Weisheit der*
Schweigen
Tod

Transvestit
Eine Frau soll nicht Männersachen tragen, und ein Mann soll nicht Frauenkleider anziehen
5. MOSE 22,5

Trauern
Trauern ist besser als Lachen; denn durch Trauern wird das Herz gebessert. PREDIGER 7,3

Träume
Träume sind nichts anderes als Bilder ohne Wirklichkeit. SIRACH 34,3

Träume, feuchte
Wenn einem Mann im Schlaf der Same abgeht, der soll seinen ganzen Leib mit Wasser abwaschen
3. MOSE 15,16

Treffpunkt
Wen der Tod trifft, den treffe er; wen das Schwert trifft, den treffe es; wen der Hunger trifft, den treffe er; wen die Gefangenschaft trifft, den treffe sie! JEREMIA 15,2

Treue

Wo du hingehst, da will ich auch hingehen; wo du bleibst, da bleibe ich auch. RUT 1,16

→ *Jugendliebe*

Trinken

→ *Arbeiter*
Burschenschaften
Eau de vie
Egoismus
Hurerei
Pechsträhne
Säufer
Schnaps
Sinn des Lebens
Sorglosigkeit
Verführung
Wein

Ü

Übel
→ *Geldgier*

Überbevölkerung
→ *Vermehrung*

Überfremdung
Unser Erbe ist den Fremden zuteil geworden und unsre Häuser den Ausländern. KLAGELIEDER 5,2

Übersetzung
Aber das Volck drinnen füret er eraus vnd legt sie vnter eisern segen vnd zacken vnd eisern keile vnd verbrand sie in Zigelöfen

2. SAMUEL 12,31 (LUTHERBIBEL, TEXTFASSUNG 1545)

Aber das Volk drinnen führte er heraus und legte sie unter eiserne Sägen und Zacken und eiserne Keile und verbrannte sie in Ziegelöfen.

2. SAMUEL 12,31 (LUTHERBIBEL, TEXTFASSUNG 1912)

Aber das Volk darin führte er heraus und stellte sie als Fronarbeiter an die Sägen, die eisernen Pickel und an die eisernen Äxte und ließ sie an den Ziegelöfen arbeiten.

2. SAMUEL 12,31 (LUTHERBIBEL, TEXTFASSUNG 1984)

und das Kriegsvolk, das darin war, führte er hinaus, er stellte sie an bei der Felssäge, bei den eisernen Picken und bei den eisernen Äxten und überwies sie an die Ziegelei.

2. SAMUEL 12,31 (ÜBERSETZUNG BUBER/ROSENZWEIG, 1955)

Die Einwohner setzte er für Bauarbeiten ein; sie mußten Steine brechen und sie zurechtsägen, Ziegel herstellen und Baumstämme mit der Axt bearbeiten.

2. SAMUEL 12,31 (DIE BIBEL IN HEUTIGEM DEUTSCH, 1982)

→ *Altes Testament*
Bibel

Übersetzung, maschinelle

→ *Müdigkeit*

UFO

nicht von dieser Welt JOHANNES 8,23 UND 18,36

Umgang, schlechter

Schlechter Umgang verdirbt gute Sitten.

1. KORINTHER 15,33

Umweltschutz

Tut der Erde und dem Meer und den Bäumen keinen Schaden OFFENBARUNG 7,3

Umweltschützer

ihr sollt zuschanden werden wegen der Eichen, an denen ihr eure Lust habt JESAJA 1,29

Unentschlossenheit

Eure Rede aber sei: Ja, ja; nein, nein. Was darüber ist, das ist vom Übel. MATTHÄUS 5,37

→ *Ambivalenz*

Unfruchtbarkeit

Selig ist die Unfruchtbare WEISHEIT 3,13

Selig sind die Unfruchtbaren und die Leiber, die nicht geboren haben, und die Brüste, die nicht genährt haben! LUKAS 23,29

Ungeduld

Aller Augen warten auf dich PSALM 145,15

Ungerechtigkeit

es gibt Gerechte, denen geht es, als hätten sie Werke der Gottlosen getan, und es gibt Gottlose, denen geht es, als hätten sie Werke der Gerechten getan. PREDIGER 8,14

wer da hat, dem wird gegeben, daß er die Fülle habe; wer aber nicht hat, dem wird auch das genommen, was er hat. MATTHÄUS 13,12

Unglück
→ *Optimismus*
Saat
Schnaps

Universität
→ *Ausbildung*

Unrecht
→ *Saat*

Unschuld
Ich wasche meine Hände in Unschuld PSALM 26,6

Untergang
→ *Erde*
Tod

Unzucht
→ *Masturbation*
Pflichten, eheliche

Unzufriedenheit

Was murren denn die Leute im Leben? Ein jeder murre wider seine Sünde! KLAGELIEDER 3,39

Urteil

→ *Karenzzeit*
Richter

V

Vampire

Ihr sollt auch kein Blut essen, weder vom Vieh noch von den Vögeln, überall, wo ihr wohnt. Jeder, der Blut ißt, wird ausgerottet werden aus seinem Volk. 3. MOSE 7,26–27

Vater

→ *Egozentriker*
Eltern
Frieden, häuslicher
Gott
Herr und Knecht
Intrigant

Vaterland

→ *Prophet*

Vaterschaftsklage

niemand weiß, wer der Sohn ist, als nur der Vater, noch, wer der Vater ist, als nur der Sohn und wem es der Sohn offenbaren will. LUKAS 10,22

Vegetarier

Besser ein Gericht Kraut mit Liebe als ein gemästeter Ochse mit Haß. SPRÜCHE 15,17

Versuch's doch mit deinen Knechten zehn Tage und laß uns Gemüse zu essen und Wasser zu trinken geben. Und dann laß dir unser Aussehen und das der jungen Leute, die von des Königs Speise essen, zeigen; und danach magst du mit deinen Knechten tun nach dem, was du sehen wirst. Und er hörte auf sie und versuchte es mit ihnen zehn Tage. Und nach den zehn Tagen sahen sie schöner und kräftiger aus als alle jungen Leute, die von des Königs Speise aßen. Da tat der Aufseher die Speise und den Trank, die für sie bestimmt waren, weg und gab ihnen Gemüse. DANIEL 1,12–16

das Fleisch ist nichts nütze. JOHANNES 6,63

Der eine glaubt, er dürfe alles essen; wer aber schwach ist, der ißt kein Fleisch. RÖMER 14,2

Es ist besser, du ißt kein Fleisch und trinkst keinen Wein RÖMER 14,21

→ *Fleisch*
Nahrung

Verachtung

→ *Ehre*

Verbrechen
→ *Staatsgewalt*

Verführung
Weh dem, der seinen Nächsten trinken läßt und seinen Grimm beimischt und ihn trunken macht, daß er seine Blöße sehe! HABAKUK 2,15

Vergeblichkeit
Man mühe sich ab, wie man will, so hat man keinen Gewinn davon. PREDIGER 3,9

→ *Pechsträhne*
Sinnlosigkeit des Lebens

Vergebung
Rechne nicht so fest auf Vergebung, daß du darum Sünde auf Sünde häufst. SIRACH 5,5

Verlag
des vielen Büchermachens ist kein Ende, und viel Studieren macht den Leib müde. PREDIGER 12,12

Verleumdung
Die Worte des Verleumders sind wie Leckerbissen und gehen einem glatt ein. SPRÜCHE 18,8

Verlierer
→ *Pechsträhne*

Vermehrung
Seid fruchtbar und mehret euch und füllet die Erde und machet sie euch untertan I. MOSE I,28

→ *Frau*
Kinder
Matriarchat
Unfruchtbarkeit

Versammlung
→ *Parlament*

Versprechen
→ *Gelübde*

Verstehen
→ *Lesen*

Versuchung
wenn dich die bösen Buben locken, so folge nicht.
SPRÜCHE I,IO

Vertrag
→ *Etiquette*

Vertrauen
Verflucht ist der Mann, der sich auf Menschen verläßt JEREMIA 17,5

Verwandtschaft
→ *Prophet*

Verwechslung
Ich bin nicht der, für den ihr mich haltet
APOSTELGESCHICHTE 13,25

Verwirrung
→ *Gesetz*
Parlament

Vögel
Alle reinen Vögel esset. 5. MOSE 14,11

→ *Vampire*

Volk
→ *Aufklärung*
Gastarbeiter
Vampire

Vorrede
es wäre ja töricht, wenn die Vorrede länger würde als die ganze Erzählung. 2. MAKKABÄER 2,33

W

Wahl

und so weiß ich nicht, was ich wählen soll.

PHILIPPER 1,22

Wahnsinn

→ *Wissenschaft*

Wahrheit

→ *Leben, Die ganze Wahrheit über das*

Wahrsagerei

Ihr sollt nicht Wahrsagerei noch Zauberei treiben.

3. MOSE 19,26

→ *Okkultismus*
Zauberei

Waschen

Selig sind, die ihre Kleider waschen

OFFENBARUNG 22,14

→ *Abwasch*
Etiquette
Reinheit
Unschuld

Wasser
→ *Eau de vie*
Evolution
Existenzminimum
Meer
Träume, feuchte
Weinschorle

Weib
→ *Alliteration*
Ehe, glückliche
Frau
Jugendliebe

Weib, schönes
Ein schönes Weib ohne Zucht ist wie eine Sau mit einem goldenen Ring durch die Nase. SPRÜCHE 11,22

Weib, unzüchtiges
Der Mund unzüchtiger Weiber ist eine tiefe Grube SPRÜCHE 22,14

Weib, zänkisches

Besser in der Wüste wohnen als bei einem zänkischen und zornigen Weibe. SPRÜCHE 21,19

Ein zänkisches Weib und ein triefendes Dach, wenn's sehr regnet, lassen sich miteinander vergleichen SPRÜCHE 27,15

Wein

der Wein erfreue des Menschen Herz PSALM 104,15

Der Wein macht Spötter, und starkes Getränk macht wild; wer davon taumelt, wird niemals weise. SPRÜCHE 20,1

Er geht glatt ein, aber danach beißt er wie eine Schlange und sticht wie eine Otter. SPRÜCHE 23,31–32

niemand füllt neuen Wein in alte Schläuche; sonst zerreißt der Wein die Schläuche, und der Wein ist verloren und die Schläuche auch; sondern man soll neuen Wein in neue Schläuche füllen. MARKUS 2,22

niemand, der vom alten Wein trinkt, will neuen; denn er spricht: Der alte ist milder. LUKAS 5,39

Jedermann gibt zuerst den guten Wein und, wenn sie betrunken werden, den geringeren

JOHANNES 2,10

→ *Alliteration*
Barmixer

Existenzminimum
Hurerei
Jesus
Kirche, katholische
Prohibition
Prophet
Restaurant
Säufer
Schnaps
Vegetarier

Wein, starker
du gabst uns einen Wein zu trinken, daß wir taumelten. PSALM 60,5

Weinschorle
Trinke nicht mehr nur Wasser, sondern nimm ein wenig Wein dazu um des Magens willen und weil du oft krank bist. 1. TIMOTHEUS 5,23

Weinstube
Wo sind trübe Augen? Wo man lange beim Wein sitzt und kommt, auszusaufen, was eingeschenkt ist. SPRÜCHE 23,29–30

→ *Restaurant*

Weisheit
→ *Alliteration*

Altersweisheit
Frauen, Weisheit der
Gerechtigkeit
Schweigen
Sinn des Lebens
Tod
Wein

Weissagung
→ *Bibel*

Werk
Das Werk lobt den Meister SIRACH 9,24

Widerspruch
→ *Geben und Nehmen*

Wind
→ *Saat*
Segeln

Wissenschaft
Es ist nichts verborgen, was nicht offenbar wird, und nichts geheim, was man nicht wissen wird.
MATTHÄUS 10,26

Das große Wissen macht dich wahnsinnig.
APOSTELGESCHICHTE 26,24

→ *Relativitätstheorie*
Skeptizismus

Witzigmann, Eckart
Wie unbegreiflich sind seine Gerichte und unerforschlich seine Wege! RÖMER 11,33

Worte
→ *Schriftsteller*
Sprache
Verleumdung

Wunder
die Finsternis hat seine Augen verblendet.
1. JOHANNES 2,11

Wüste
→ *Weib, zänkisches*

Z

Zahlen

→ *Sechshundertundsechsundsechzig*
Zeugen Jehovas

Zahlungsbilanz, positive

Dann wirst du vielen Völkern leihen, doch du wirst von niemand borgen 5. MOSE 15,6

Zauberei

Die Zauberinnen sollst du nicht am Leben lassen. 2. MOSE 22,17

→ *Okkultismus*
Wahrsagerei

Zeit

Ein jegliches hat seine Zeit PREDIGER 3,1

Zeit, böse

Darum muß der Kluge zu dieser Zeit schweigen; denn es ist eine böse Zeit. AMOS 5,13

Zeuge
→ *Tautologien*

Zeugen Jehovas
Zahl derer, die versiegelt wurden: hundertvierundvierzigtausend OFFENBARUNG 7,4

Zinsen
Wenn du Geld verleihst an einen aus meinem Volk, an einen Armen neben dir, so sollst du an ihm nicht wie ein Wucherer handeln; du sollst keinerlei Zinsen von ihm nehmen. 2. MOSE 22,24

→ *Ausländer*

Zufall
→ *Krieg*

Zukunft
→ *Futurologie*
Tag, morgiger

Zweck
Wir haben uns also vorgenommen, denen, die gerne lesen, Anregung zu verschaffen, denen, die ihrem Gedächtnis etwas einprägen möchten, leichtere Übersicht zu geben, allen aber, die das Buch in die Hand nehmen, Gewinn zu bringen.

Und wir merken wohl, daß es uns nicht eben leicht werden wird, uns der Mühe dieser Kürzung zu unterziehen; denn es gehört viel Arbeit und großer Fleiß dazu, wie es auch ohne Arbeit nicht zugeht, wenn man eine Mahlzeit bereiten und den Gästen etwas zugute tun will. Dennoch wollen wir diese Mühe gern auf uns nehmen, um vielen damit zu dienen 2. MAKKABÄER 2,26–28

→ *Erfolg*

Und wenn es gut gelungen und geschickt geordnet ist, so war das meine Absicht. Ist's aber zu einfach geraten, so habe ich doch getan, soviel ich vermochte.

2. MAKKABÄER 15,39

Das Alte Testament

Das 1. Buch Mose (Genesis)

1,28	Vermehrung
2,18	Einsamkeit
3,16	Frau
3,19	Brot
4,9	Joyce, Stanislaus
4,12	Erde
6,17	Erde
8,21	Dichten und Trachten
8,22	Erde
9,2	Mensch
9,3	Nahrung
11,7	Sprache
12,3	Segen
13,9	Politik
18,6	Geburtstag
49,12	Säufer

Das 2. Buch Mose (Exodus)

3,8	Frankreich
5,9	Arbeit
20,5	Gott
21,15	Eltern
21,16	Menschenraub
21,17	Eltern
21,18-19	Prügelei
21,20–21	Totschlag
21,23–25	Gerechtigkeit, ausgleichende
22,1–2	Einbruch
22,17	Zauberei
22,18	Sodomie
22,24	Zinsen
23,2	Demokratie
23,8	Bestechung
23,19	Kochen
33,19	Tautologien
34,20	Geschenke

Das 3. Buch Mose (Levitikus)

7,26–27 Vampire
10,6 Hippie
11,22 Heuschrecken
13,40–41 Glatze
15,16 Träume, feuchte
18,7 Eltern
18,10 Enkel
18,17 Enkel
18,22 Homosexualität
19,19 Mischgewebe
19,26 Wahrsagerei
19,27 Haare
19,31 Okkultismus
20,10 Ehebruch
21,7 Priester
25,44 Gastarbeiter

Das 5. Buch Mose (Deuteronomium)

5,9 Gott
8,3 Brot
12,15 Fleisch
14,11 Vögel
15,6 Zahlungsbilanz, positive
22,5 Transvestit
23,21 Ausländer
24,1–4 Scheidung
24,5 Kriegsdienst
25,4 Arbeitsbedingungen
25,11–12 Frau, Gleichberechtigung der
32,35 Rache

Das Buch Rut

1,16 Treue
3,17 Schwiegermutter

Das 1. Buch Samuel

2,30 Ehre
15,22 Gehorsam
24,15 Philosoph

Das 2. Buch Samuel

1,26 Homosexualität
11,25 Krieg
12,31 Übersetzung

Das 2. Buch der Könige

7,4 Tautologien

Das Buch Hiob (Ijob)

1,21 Schicksal
6,6 Küche, englische
11,2 Schwätzer
14,10 Tautologie
32,9 Altersweisheit
38,11 Grenze

Der Psalter

22,2 Einsamkeit
26,6 Unschuld
37,3 Regionalküche
37,27 Gut und Böse
49,11 Tod
52,11 Stotz, Annette
60,5 Wein, starker
63,7 Liebe, wahre
77,4 Religionskritiker
90,4 Jahr
90,10 Leben
90,12 Tod
94,15 Recht
104,15 Wein
116,11 Lügner
126,5 Saat
127,2 Frühaufsteher
131,1 Technophobie
137,9 Kinder
139,6 Relativitätstheorie
145,15 Ungeduld
150,3 Breuker, Willem

Die Sprüche Salomos (Sprichwörter)

1,10 Versuchung
3,12 Kritik
5,3 Frau, fremde
6,6–8 Faulheit
6,26 Hure
6,34 Eifersucht
7,18 Liebe
8,17 Liebe
10,19 Sprache
11,15 Bürgschaft
11,22 Weib, schönes
13,24 Prügelstrafe
14,1 Frauen, Weisheit der
14,5 Tautologien
14,23 Gewinn
15,17 Vegetarier
16,18 Hochmut
16,26 Kapitalismus
16,31 Haare, graue
17,8 Bestechung
17,28 Schweigen
18,8 Verleumdung
18,22 Ehefrau
19,4 Reichtum
19,18 Prügelstrafe
19,24 Faulheit
20,1 Wein
20,13 Schlaf

20,17	Diebstahl
21,6	Schätze
21,19	Weib, zänkisches
22,7	Reichtum
22,8	Saat
22,14	Weib, unzüchtiges
23,21	Gourmet
23,27	Hure
23,29–30	Weinstube
23,31–32	Wein
24,26	Fernsehquiz
25,25	Ausland
25,26	Honig
25,27	Honig
27,1	Tag, morgiger
27,15	Weib, zänkisches
30,20	Fellatio
31,6–7	Schnaps

Der Prediger Salomo (Kohelet)

1,7	Meer
1,9	Neuigkeit
1,18	Ausbildung
2,16–18	Sinnlosigkeit des Lebens
3,1	Zeit
3,9	Vergeblichkeit
3,19	Schöpfung, Krone der
4,10	Einsamkeit
4,11	Doppelbett
5,4	Gelübde
5,14	Sinnlosigkeit des Lebens
6,9	Pragmatismus
7,3	Trauern
7,8	Ende
7,16	Gerechtigkeit
8,11	Karenzzeit
8,14	Ungerechtigkeit
8,15	Sinn des Lebens
9,1	Determinismus
9,4	Hoffnung
9,9	Ehe, glückliche
9,10	Sinn des Lebens
10,8	Grube
10,19	Restaurant
11,4	Meteorologie
12,12	Verlag

Der Prophet Jesaja

1,29	Umweltschützer
2,4	Abrüstung
2,18	Monotheismus
5,8	Großgrundbesitz
5,11	Frühaufsteher
5,20	Politiker
5,22	Barmixer
28,7	Kirche, katholische
41,23	Futurologie
55,8	Außenseiter
58,7	FKK

Der Prophet Jeremia

5,21	Aufklärung	17,5	Vertrauen
7,29	Haare	19,9	Kannibalismus
12,13	Saat	29,13–14	Osterei
15,2	Treffpunkt	30,6	Matriarchat
16,20	Religion		

Die Klagelieder Jeremias

3,39	Unzufriedenheit	5,2	Überfremdung
4,5	Arbeitslosigkeit		

Der Prophet Hesekiel (Ezechiel)

2,8	Foie gras	24,3–5	Fleischbrühe
21,31	Inversion		

Der Prophet Daniel

1,12–16	Vegetarier	5,27	Gewicht
5,25	Kauderwelsch		

Der Prophet Hosea

1,2	Hure	8,7	Saat
4,11	Hurerei	13,2	Menschenopfer

Der Prophet Joel

1,4	Nahrungskette	4,10	Abrüstung
4,9	Krieg	4,10	Schwäche

Der Prophet Amos

3,3 Koalition
3,6 Free Jazz
4,1 Saufen
5,4 Osterei
5,13 Zeit, böse
5,23 Schlager, deutscher
6,10 Name

Der Prophet Obadja

15 Gerechtigkeit, ausgleichende

Der Prophet Micha

6,14 Nouvelle cuisine
7,3 Machthaber
7,6 Frieden, häuslicher

Der Prophet Nahum

1,9 Optimismus
2,5 Autobahn

Der Prophet Habakuk

1,3 Gewalt
2,15 Verführung

Der Prophet Haggai

1,6 Pechsträhne

Der Prophet Sacharja

7,6 Egoismus

Der Prophet Maleachi

1,6 Herr und Knecht
2,15 Jugendliebe

Die Apokryphen

Das Buch Judit

14,11	Mäuse

Die Weisheit Salomos

1,13	Tod	4,1	Kinderlosigkeit
1,14	Tod	4,3	Kinder
2,1–4	Leben, Die ganze Wahrheit über das	11,16	Homöopathie
		14,23	Burschenschaften
3,13	Unfruchtbarkeit	17,12	Furcht
3,15	Mühe	19,18	Evolution

Das Buch Tobias

4,16	Imperativ, kategorischer	6,3	Gähnen

Das Buch Jesus Sirach

Vorrede,6–7	Altes Testament	6,13	Feind
3,24	Kompetenzbereich	8,15	Leihen
3,26	Denkfehler	8,17	Richter
3,27	Gefahr	9,2	Frau
4,34	Sprüchemacher	9,5	Mädchen
4,36	Geben und Nehmen	9,7	New York
5,5	Vergebung	9,18	Mörder
5,12	Konsequenz	9,24	Werk
5,14	Sachkenntnis	10,30	Arbeit

11,17–19 Schotte
19,1 Arbeiter
19,2 Alliteration
19,22 Rechtsanwalt
20,12 Sonderangebot
23,23 Masturbation
25,18 Bosheit
26,17 Schweigen
27,29 Grube
29,28 Existenzminimum
29,29 Bausparvertrag
30,14 Gesundheit
30,17 Tod
31,25 Bulimie
32,7 Tafelmusik
32,26 Kinder
33,22 Kinder
34,3 Träume
36,23 Chauvinismus
37,22 Psychotherapeut
38,15 Arzt
39,31 Existenzminimum
40,29 Bettler
41,23 Etiquette
42,13 Frau

Das 2. Buch der Makkabäer

2,26–28 Zweck
2,33 Vorrede
11,20 Gruß
11,33 Gruß
11,38 Gruß
14,41–46 Selbstmord
15,39 Erfolg

Das Neue Testament

Das Evangelium nach Matthäus

3,10	Baum
4,2	Hunger
5,3	Dummheit
5,13	Salz
5,26	Beugehaft
5,37	Unentschlossenheit
6,3	Taylor, Cecil
6,7	Beten
6,11	Bäcker
6,16	Fasten
6,21	Liebe, wahre
6,24	Herr
6,25	Sorglosigkeit
7,1	Richter
7,6	Schmuck
7,12	Imperativ, kategorischer
7,18	Baum
7,20	Baum
8,22	Begräbnis
9,12	Arzt
10,8	Leben
10,9	Reiseschecks
10,14	Haustür
10,26	Wissenschaft
10,35	Intrigant
10,37	Egozentriker
11,15	Ohren
11,19	Jesus
12,29	Einbruch
12,30	Parteienbildung
12,34	Schwätzer
12,37	Schriftsteller
13,9	Ohren
13,12	Ungerechtigkeit
13,43	Ohren
15,11	Mund
15,14	Blindheit
15,20	Etiquette
19,12	Ehe
22,14	National-mannschaft
22,21	Beckenbauer, Franz
23,3	Arzt
23,4	Finanzminister
23,12	Inversion
23,23	Ambivalenz
23,26	Abwasch
24,2	San Francisco
24,28	Schnellimbiß
24,38	Liebe auf den ersten Blick

26,41 Müdigkeit
26,52 Schwert
26,46 Einsamkeit

Das Evangelium nach Markus

2,22 Wein
3,26 Dialektik
6,4 Prophet
6,11 Haustür
9,40 Parteienbildung
12,17 Beckenbauer, Franz
13,1 Chicago
14,38 Müdigkeit
15,34 Einsamkeit

Das Evangelium nach Lukas

3,9 Baum
5,39 Wein
9,5 Haustür
9,50 Parteienbildung
10,7 Arbeitslohn
10,22 Vaterschaftsklage
11,23 Parteienbildung
12,7 Haarausfall
12,39 Einbruch
14,17 Mahlzeit
14,20 Ausrede
23,29 Unfruchtbarkeit
23,34 Menschenfreunde

Das Evangelium nach Johannes

2,10 Wein
3,8 Segeln
3,29 Hochzeit
3,30 Diät
5,30 Beamter
6,63 Vegetarier
8,23 UFO
12,35 Finsternis
16,15 Einzelkind
18,36 UFO
19,30 Ende

Die Apostelgeschichte des Lukas

2,13 Prophet
4,20 Schwätzer
8,30 Lesen
10,26 Bescheidenheit
13,25 Verwechslung
19,32 Parlament
20,35 Prügelei
26,24 Wissenschaft

Der Brief des Paulus an die Römer

1,27 Homosexualität
5,20 Prohibition
7,15–16 Gesetz
8,24 Hoffnung
11,33 Witzigmann, Eckart
13,1 Staatsgewalt
13,3 Staatsgewalt
13,10 Liebe
14,2 Vegetarier
14,3 Essen
14,21 Vegetarier

Der 1. Brief des Paulus an die Korinther

7,1–3 Pflichten, eheliche
7,9 Heirat
8,1 Blähungen
10,25 Fleisch
11,7 Chauvinismus
11,9 Chauvinismus
11,14–15 Haare, lange
11,34 Hunger
13,9 Skeptizismus
14,10 Linguistik
14,11 Hermeneutik
14,35 Frau
15,33 Umgang, schlechter

Der 2. Brief des Paulus an die Korinther

3,6 Buchstabe
3,14 Altes Testament
4,18 Ewigkeit
9,6 Saat

Der Brief des Paulus an die Galater

5,9 Sauerteig
6,2 Lastenausgleich
6,5 Lastenausgleich
6,7 Saat

Der Brief des Paulus an die Epheser

5,28 Frau

Der Brief des Paulus an die Philipper

1,21 Bestattungsunternehmer
1,22 Wahl

Der Brief des Paulus an die Kolosser

2,16	Gewissen

Der 1. Brief des Paulus an die Thessalonicher

5,21	Prüfung

Der 1. Brief des Paulus an die Thessalonicher

3,2	Glaube
3,10	Sozialpolitik, christliche

Der 1. Brief des Paulus an Timotheus

1,8	Gesetz	4,8	Leibesübungen
2,11	Lernen	5,23	Weinschorle
2,12	Frau	6,10	Geldgier
2,15	Frau	6,20	Erkenntnis

Der Brief des Paulus an Titus

1,12	Paradoxon	1,15	Reinheit

Der 1. Brief des Johannes

2,11	Wunder	4,12	Gott

Der Brief an die Hebräer

8,13	Christentum

Der Brief des Jakobus

2,6	Gericht	3,1	Abiturienten

Die Offenbarung des Johannes

1,8	Schmidt, Arno
7,3	Umweltschutz
7,4	Zeugen Jehovas
13,18	Sechshundertund-sechsundsechzig
21,5	Mai
22,11	Böse
22,14	Waschen
22,17	Dreiecksverhältnis
22,17	Eau de vie
22,18	Bibel

Nachwort

Gott und Goethe erschufen die Welt[1], oder doch zumindest einen erklecklichen Teil davon. Zusammen sind sie für einen großen Teil aller Zitate und Redewendungen der deutschen Sprache verantwortlich. Ihre Werke wurden gern als Steinbrüche benutzt. Allerdings scheint die Arbeit in diesen Steinbrüchen inzwischen eingestellt zu sein. Immer dieselben Stellen, die sich schon seit Generationen in Büchmanns *Geflügelten Worten* finden, werden zitiert. So, als ob die beiden großen G in ihren Werken keine Antworten auf die brennenden Fragen der Gegenwart hinterlassen hätten.

Die Bibel ist zwar das meistübersetzte, aber sicherlich bei weitem nicht das meist (durch)gelesene[2] Buch. Viel Unheil hätte wohl in der Geschichte Europas vermieden werden können, wenn alle Christenmenschen die Bibel gelesen

---

[1] »Im Anfang war das Wort, und das Wort war bei Gott, und Gott war das Wort.« (Johannes 1,1)

[2] Man hat sogar den Eindruck, daß außerhalb gewisser fundamentalistischer Kreise keine systematische Lektüre mehr stattfindet.

hätten. Sie enthält eine Fülle von Ideen und Tips für alle Bereiche der menschlichen Existenz. *Das Beste von Gott* möchte als Anregung zu (mehr) eigener Bibellektüre dienen. Als Anreiz dazu wurden mehrere hundert Zitate versammelt, die entweder unbekannt waren oder deren Relevanz für moderne Fragestellungen nicht hinreichend gewürdigt wurde.

Das Buch verfolgt mehrere Anliegen:

- Hilfe in allen Lebenslagen (Besuch bei der → *Schwiegermutter* geplant? Kein Problem: Die Bibel weiß Rat).
- Trost und Rat für diejenigen, die nach dem → *Sinn des Lebens* suchen.
- Unterstützung beim Verfassen von Reden und Widmungen.
- Beistand bei der Begründung oder Rechtfertigung unpopulärer Ideen und Vorlieben (z. B. → *Weinschorle*).
- Arbeitserleichterung für Theologiestudenten. Durch vielfältige Kreuz- und Querverweise sind die gesuchten Zitate leicht auffindbar.[3] Eine Liste der verwendeten Bibelstellen erlaubt das gezielte Bearbeiten einzelner Teile der Bibel.

---

[3] Wichtige Begriffe wie → *Abrüstung* und → *Umweltschutz* etwa wird man im Stichwortverzeichnis selbst moderner Bibelausgaben vergeblich suchen.

- Vermittlung von Geschichtswissen. So läßt sich z. B. aus den Dingen, die einem Volk explizit verboten werden müssen, einiges über dieses Volk lernen [4].
- Und, wie erwähnt, soll der Leser zu eigener Bibellektüre angeregt werden. Besonders empfohlen als Einstieg: *Der Prediger Salomo (Kohelet).*

Zur Wahl der verwendeten Übersetzung:

Die beste zur Zeit verfügbare Übersetzung ist immer noch die Lutherübersetzung von 1984. Sie findet einen erträglichen Kompromiß zwischen der Beibehaltung liebgewordener Formulierungen (»Seid fruchtbar und mehret euch und füllet die Erde und machet sie euch untertan«) [5] und der Ausmerzung grober Fehler (→ *Übersetzung*). Empfehlenswert ist die Ausgabe mit Apokryphen und Wortkonkordanz.

Zum Schluß noch eine Antwort auf den leicht vorherzusehenden Vorwurf, in diesem Buch würden Zitate abgeschnitten bzw. aus dem Zusammenhang gerissen. Das Buch der Bücher war auch hier, wie in so vielem, Vorbild.[6]

---

[4] Siehe etwa → *Enkel.*

[5] Zum Vergleich dieselbe Stelle in der *Bibel in heutigem Deutsch:* »Vermehrt euch! Breitet euch über die Erde aus und nehmt sie in Besitz!« (1. Mose 1,28)

[6] Nur zwei Beispiele von vielen: Man vergleiche Matthäus 2,15 mit Hosea 11,1 oder Matthäus 11,10 mit Maleachi 3,1.